VALLÉE DE LA CÈZE
CAUSSES ET CÉVENNES
UZÈGE
PONT DU GARD
VALLÉE
DU RHÔNE
NÎMES
ET SA RÉGION
CAMARGUE
LITTORAL
MÉDITERRANÉEN

Franck COSTE – Stéphane DAGONNEAU

Frédéric ALLALI - Jeff BAUD - Jérôme EHO - Éric LE BERRE
Thierry MARTINET - Tomás M. ARANDA - Alain PAILLOU - Mike RATERA

À LA DÉCOUVERTE DU GARD

idées+
PASSION BD

SAS Idées Plus
100, rue du Pigeonnier
30320 Bezouce – France
Tél. : 06 22 12 22 57
Mail : contact@ideesplus.fr
Site Web : www.ideesplus.fr

Dépôt légal : Juin 2017
ISBN : 978-2-916795-97-3
Première édition : 2 000 exemplaires

Graphisme et mise en page : **Alex CULLELL**
Correction des textes : **Myriam PRAT**

Mise en couleurs :
Joan BORREL M.
Santiago CALDERON RUIZ
Adi CROSSA
Catherine MOREAU
Diego L. PARADA

Fabriqué en France par Idées Plus.
Achevé d'imprimer en Juin 2017
Numéro d'impression : 12794170501

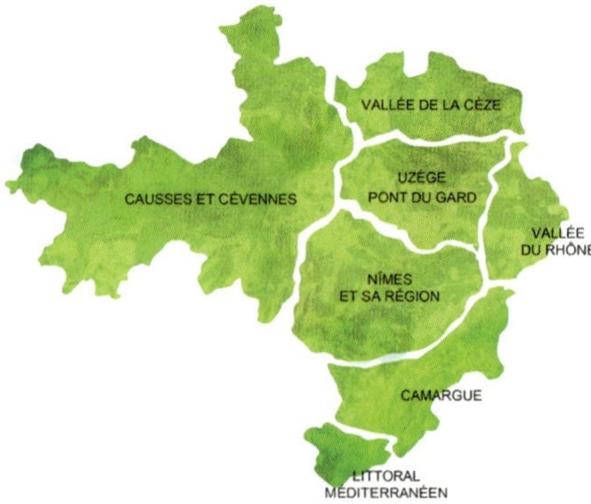

idées+ PASSION BD

www.ideesplus.fr

INTRODUCTION

Bonjour, je suis Léo, votre guide pour une balade à la découverte du département du Gard. Découvrez ses territoires, sous les traits de crayon de ces auteurs passionnés pour le bonheur de tous les amoureux du terroir !

Situé dans la région Occitanie, le département tient son nom de la rivière « le Gard », localement appelé le Gardon, qui le traverse en prenant sa source dans les hautes Cévennes pour venir se jeter dans le Rhône !

Je vous accompagne pour vivre un complet dépaysement : se promener à cheval en Camargue, admirer la beauté de la grande bleue en allant se tremper les pieds dans la Méditerranée, respirez en grand avec une randonnée en Causse ou en Cévennes, entrez dans l'histoire sur les traces des Romains, du Pont du Gard jusqu'à Nîmes, découvrir la garrigue et les gorges du Gardon de l'Uzège, admirer la beauté secrète de la vallée de la Cèze ou goûter les plaisirs authentiques de la Vallée du Rhône...

Amoureux de grands espaces ou inconditionnels de fêtes, mordus de sensations fortes ou amateurs de culture et de patrimoine, gourmands de produits du terroir ou fanas de farniente sur la plage... Ici tout est prétexte à la détente et à l'émerveillement : tel est votre programme à la lecture de cette bande dessinée !

NÎMES LA ROMAINE

Nous voici à **Nîmes**, préfecture du Gard, devant sa gare SNCF construite au 19e siècle. Elle possède une façade monumentale d'environ 100 mètres de long rythmée par deux niveaux de 19 arcades. Elle s'ouvre sur l'avenue Feuchères ponctuée ici et là de jardins aromatiques et de fontaines qui débouchent sur l'Esplanade et son palais de justice néo-classique.

La ville de Nîmes a été fondée par une tribu celte qui lui a donné son nom emprunté au dieu Nemausus. Mais ce sont les Romains qui y ont imprimé leur marque et qui ont permis à la ville de se développer.

La cité, qui fait alors partie de la Gaule narbonnaise, bénéficie de la romanisation dès le premier siècle avant notre ère ; elle est idéalement située sur la via *Domitia* qui relie l'Italie à l'Espagne. La source sacrée celte, située au cœur des Jardins de la Fontaine, devient un sanctuaire dédié à l'empereur Auguste. Le maître de Rome dote la *Colonia Augusta Nemausus* de nombreux monuments et d'une enceinte de 6 km de long protégeant la ville des envahisseurs.

De sa période romaine, Nîmes conserve plusieurs magnifiques monuments tels que les Arènes, la Maison Carrée ou encore la tour Magne au pied de laquelle se trouve le site du sanctuaire de la Fontaine.

Les **Arènes de Nîmes** sont un amphithéâtre romain construit vers la fin du premier siècle et reconverti en arène en 1863. Aujourd'hui, elles accueillent une vingtaine de corridas et courses camarguaises chaque année, ainsi que diverses manifestations culturelles (concerts, reconstitutions historiques, Pégoulade...). Cet amphithéâtre de 133 mètres sur 101, lieu de spectacle de 13 000 places, est le mieux conservé du monde romain.

GARE DE NIMES
SNCF
MIKE RATERA

A partir des arènes de Nîmes, on peut remonter en flânant le long du Bd Victor Hugo et soudain on débouche devant l'autre monument romain emblématique de la ville de Nîmes : la Maison Carrée. C'est un ancien temple romain édifié au 1er siècle et dédié à la gloire des deux petits-fils de l'empereur Auguste : les consuls et chefs militaires Lucius Caesar et Caius Julius Caesar. Il s'agit du seul temple antique au monde aussi bien conservé.

En 1993, l'architecte britannique Norman Foster construit face à la **Maison Carrée** un bâtiment appelé Carré d'Art qui accueille un musée d'art contemporain et qui est pensé comme le pendant moderne de la Maison Carrée. L'architecte réaménage également la place attenante afin d'assurer une harmonie entre les deux édifices.

De la place de la Maison Carrée, il faut longer le **canal du quai de la Fontaine** pour s'offrir une parenthèse fraicheur bienvenue à l'ombre des majestueux platanes qui nous conduisent directement aux magnifiques **Jardins de la Fontaine**.

Créés vers 1750 sur le site antique de la source celte, ces splendides jardins font partie intégrante de la vie nîmoise et proposent un patrimoine culturel exceptionnel. Ils se composent d'une partie basse *à la française* où l'on aperçoit au détour des allées et des statues, la source ainsi que le temple de Diane. Le jardin *à l'italienne* qui les prolonge, s'étage sur les pentes du mont Cavalier et laisse apparaître une végétation méditerranéenne très variée.

Tout en haut des jardins se dresse la **Tour Magne**. Il s'agit de la plus grande tour de l'ancienne enceinte romaine construite par Auguste vers l'an 15 av J.C. Elle offre aujourd'hui du haut de ses 33 mètres la plus belle vue sur Nîmes et ses alentours.

M

CONFISERIE
ICE
Cream

NIMES UNE VILLE OÙ IL FAIT BON VIVRE

Nîmes ne se résume pas qu'à ses monuments romains ; c'est une ville possédant de très nombreux lieux qui ne demandent qu'à être découverts.

Commençons par la **place d'Assas**, trait d'union entre les jardins de la fontaine et la Maison carrée. Cette grande place, conçue en 1 989 par le plasticien Martial Raysse, est traversée de bout en bout par une circulation d'eau encadrée par deux têtes monumentales qui se font face. Elles représentent Nemausa, la source des origines de Nîmes et le dieu Nemausus. Cette place moderne est entourée de nombreux restaurants qui vous permettront de découvrir les spécialités nîmoises.

A quelques pas de la Maison carrée se dressent **les Halles** couvertes de Nîmes. C'est le centre de la ville, lieu emblématique et gastronomique qui vous séduira par ses parfums et ses couleurs. On y vient pour acheter des olives picholines, de l'anchoïade, de la brandade, de la gardianne de taureau, des pélardons … ou encore le fameux petit pâté nîmois. Mais, on y vient aussi pour le plaisir de la rencontre et celui de la conversation autour des étals ou d'un petit verre des Costières de Nîmes. A consommer avec modération !

En partant **des Halles**, les rues commerçantes piétonnes nous conduisent immanquablement à la **place aux Herbes**. C'est le cœur de Nîmes depuis des siècles. Surplombée par la majestueuse cathédrale Notre-Dame-et-Saint-Castor consacrée en 1096, la place est un lieu de rencontre et de passage obligé avec ses terrasses de café où se côtoient touristes, Nîmois et étudiants de l'école des Beaux-arts ou du conservatoire de musique situés à deux pas.

LA PLACE D'ASSAS

Tomates
fromager VERCNE
BOUCHERIE
ROSES
Pelardon
x3 9€
Picodon
5€
Crottin
x3 = 3€

LA PLACE AUX HERBES

NIMES UNE VILLE DE FÊTE ET DE TRADITION TAURINE

Enfin, comment venir à Nîmes sans participer à ses férias et fameuses traditions taurines !

Tout d'abord l'incontournable **Féria**, l'une des plus grandes fêtes de France, pendant laquelle la ville se transforme et revêt ses habits de lumière. La féria c'est une fête de six jours à la Pentecôte et de trois jours en septembre pendant lesquels la ville toute entière résonne des clameurs sorties des Arènes ou des airs joués par les fanfares, les peñas, le long des boulevards. On peut assister à des corridas, à des abrivados et des bandidos, manger une paëlla, participer à des concerts, regarder les joutes sur le canal de la Fontaine, flâner sur les marchés du soir, assister à la Pégoulade le défilé d'ouverture de la Féria de Pentecôte et danser jusqu'au bout de la nuit dans les bodegas.

Les Arènes de Nîmes sont alors le centre de la fête grâce aux corridas et aux courses camarguaises.

La **corrida** est avant tout un combat. Le torero doit observer le taureau et adapter sans cesse son comportement à l'attitude de l'animal. Les arènes nîmoises sont un lieu incontournable de la tauromachie : la communion entre le torero et son public passionné y est immédiate et durable.

De tradition taurine, la course camarguaise est un jeu au cours duquel un homme, le raseteur, s'amuse avec le taureau. Il doit à l'aide d'un crochet ôter une cocarde, des glands et des ficelles qui sont fixés sur les cornes de l'animal.

AUX ALENTOURS DE NÎMES

En nous éloignant de Nîmes par la route de Sommières à l'ouest, on peut voir le roc de Gachone, une colline située à Calvisson. Trois moulins à vent, qui méritent le détour, sont construits au sommet de ce roc qui offre un point de vue remarquable des Cévennes à la mer Méditerranée.

Puis la route nous emmène aux **carrières de Junas**, site grandiose où l'extraction de la roche a commencé il y a plus de deux mille ans. Les pierres qui y ont été extraites ont servi, entre autres, à la construction d'Aigues-Mortes ou du pont de Sommières. C'est aujourd'hui un endroit calme et serein où la nature a repris ses droits.

Puis nous arrivons en vue de Sommières, emblématique cité médiévale gardoise. Mais avant de basculer dans la plaine, il ne faut pas oublier de s'arrêter pour admirer le **château de Villevieille** qui domine Sommières et le Vidourle. Ce château, harmonieux mélange de Moyen Âge et de Renaissance, doit ses origines à la puissante famille Bermond de Sauve aux environs de 1060.

Sommières enfin, point de passage obligé sur le Vidourle entre les Cévennes et la mer Méditerranée, mérite qu'on s'y attarde. Tout d'abord pour admirer son pont emblématique, construit au 1er siècle de notre ère, ainsi que la tour de l'horloge qui le prolonge. Le centre-ville historique avec ses nombreuses rues commerçantes vaut également le détour, ainsi que la Place du Marché et ses multiples arcades de formes et de dimensions différentes qui permettent une surélévation des maisons en cas de crue.

En remontant le cours du Vidourle, on arrive au village de **Sauve** bâti à flanc de pieds de la Mer des rochers, un chaos de roches calcaires. Sauve est une *« antique et curieuse cité »*, comme la nommait Jean Germain, écrivain du 20ème siècle. C'est un village chargé d'histoire comme en témoignent son pont vieux d'origine médiévale qui franchit le Vidourle, les vestiges de ses remparts, et ses portes fortifiées. C'est également un village de tradition artisanale en particulier pour ses fourches dites de Sauve encore fabriquées selon une méthode ancestrale à la main. C'est un magnifique objet d'un seul tenant en bois de micocoulier vendu aux particuliers comme aux professionnels qui s'en servent encore aujourd'hui dans l'agriculture et dans l'élevage.

En continuant à suivre les berges du fleuve, on découvre le magnifique cirque des contreforts des Cévennes où se niche **Saint-Hippolyte-du-Fort**, porte des Cévennes, carrefour entre le pays des châtaigniers et celui de la vigne. On peut y découvrir treize fontaines et vingt-deux cadrans solaires. Saint-Hippolyte-du-Fort possède également un très grand temple protestant (certainement le plus grand de France) édifié au début du XIXème siècle. Fortement marquée par les affrontements entre protestants et catholiques pendant les guerres de religions, la citée est fortifiée par la construction de remparts et d'un fort Vauban qui sera à l'origine de son nom actuel. Il abrite aujourd'hui le Musée de la Soie.

Nous partons maintenant en direction du Gardon. Sur le trajet, une halte s'impose à **Vézénobres**, village spectaculaire perché sur l'emplacement d'un ancien oppidum. Cette cité médiévale a préservé son charme d'antan grâce en particulier à ses belles demeures romanes reliées entre elles par des ruelles pentues nommées ici « endrounes ». Son conservatoire de la figue, et les fêtes qui vont avec en août et octobre, ajoutent encore à ses attraits.

LE GACHONE
SIGNAL DE CASSINI
ALTITUDE = 168m
CALVISSOULES MOULINS
EN VAUNAGE
TOURING CLUB DE FRANCE

SOMMIÈRES

SAUVE

SAINT-HIPPOLYTE-DU-FORT

LES FIGUES DE VÉZÉNOBRES

Nous arrivons sur les berges du **Gardon**, affluent du Rhône, qui a donné son nom au département. Au cours des âges, la rivière a creusé au milieu d'un plateau calcaire un canyon long d'une dizaine de kilomètres qui débute à **Sainte-Anastasie**, commune au nord de Nîmes, où l'on peut admirer les boucles du Gardon. Dans le hameau de Russan, situé sur la commune, se trouve la Maison des Gorges du Gardon qui accueille le public et sert à promouvoir le Grand Site des Gorges du Gardon, espace géologique et historique majeur du sud de la France.

Plus en aval, le Gardon passe sous **le pont Saint-Nicolas**, pont en arc médiéval du 13ème siècle qui enjambe le Gardon et qui relie les villes de Nîmes et Uzès. Il est flanqué du majestueux prieuré de Saint-Nicolas de Campagnac, fondé par l'ordre des Augustins et qui appartient aujourd'hui au domaine privé.

Plus au sud, nous passons par le charmant village de **Bezouce** situé à l'est de Nîmes. Bezouce est connue comme étant le « berceau d'**Alphonse Daudet** » qui y vécut quatre ans chez la famille Trinquier, dont la maison est toujours visible. C'est également à Bezouce que l'on peut découvrir la coutellerie **Le Camarguais** dont les couteaux sont fabriqués entièrement à la main à partir de matériaux nobles tels que la corne, le bois d'olivier et différentes essences de bois propres à la région.

La route s'enfonce ensuite entre les **champs d'oliviers** en direction de Bellegarde et Vauvert. L'olivier, arbre typiquement méditerranéen et symbole de longévité et de sérénité, est cultivé dans la région depuis l'antiquité. Il est reconnu pour son huile d'olive aux vertus culinaires bénéfiques ainsi que pour son bois très résistant.

Enfin, nous nous arrêtons profiter de la fraicheur du port de **Bellegarde** et des nombreux vergers entourant **Vauvert**, derniers villages d'étape situés aux portes de la Camargue à l'extrémité du plateau des Costières, avant de descendre sur les bords de la grande bleue.

LE PONT SAINT-NICOLAS

LE CAMARGUAIS

BEZOUCE
OLIVES

BELLEGARDE

MEDITERRANÉE ET CAMARGUE

Nous commençons notre visite de ce territoire par **Saint Laurent d'Aigouzes**. C'est un village typique où l'on peut assister à de nombreuses courses camarguaises qui se déroulent dans les arènes du village dont le toril est adossé à la sacristie de l'église du 17ème siècle flanquée de panneaux joliment décorés pour l'occasion.

Plus au sud, en pleine Camargue et aux portes de la Méditerranée, se dresse la majestueuse cité médiévale d'**Aigues Morte**s : la cité de Saint-Louis. C'est une ville fortifiée entourée de remparts édifiés au 13ème siècle. C'est d'Aigues Mortes que Saint Louis est parti deux fois pour les croisades. Située à six kilomètres de la mer, Aigues-Mortes est aujourd'hui avec son port fluvial, ses rues piétonnes, ses charmantes chapelles et ses nombreuses animations une étape très agréable sur le Canal du Rhône à Sète. Au pied des remparts se trouvent les salins d'Aigues Mortes qui sont exploités depuis l'Antiquité. Leur spécialité est la fleur de sel de Camargue, un cristal délicatement parfumé récolté avec soin. Depuis le milieu de 20ème siècle, la Compagnie des salins du Midi y exploite plus de 200 km^2 de marais salants ouverts au public.

Après avoir longé le **canal** qui part d'Aigues Mortes, au pied de la tour de Constance, nous voici arrivés dans l'unique commune maritime du Gard et ses 17 km de littoral : **le Grau-du-Roi – Port-Camargue**. Le Grau du Roi est un port de pêche pittoresque où l'on peut déguster des poissons fraîchement péchés tout en admirant les joutes nautiques qui se déroulent sur le canal. Quant à Port Camargue, c'est le premier port européen de plaisance avec ses nombreuses marinas et ses 5 000 anneaux d'amarrage.

A l'est du Grau du Roi se trouve l'incontournable **plage de l'Espiguette**, vaste ensemble de dunes et de sable fin. C'est un site naturel sauvage, préservé mais fragile. Ses plages attirent de très nombreux baigneurs et passionnés de balades à cheval mais également de nombreux surfeurs et kite-surfeurs qui profitent du vent et de la houle.

CANAL DU RHÔNE À SÈTE

LA JEUNE LANCE GRAULENNE

PLAGE DE L'ESPIGUETTE

Enfonçons nous maintenant au cœur de la Camargue gardoise, en commençant par la visite de la **Tour Carbonnière**. Cette imposante tour carrée, érigée à la même époque que les remparts d'Aigues Mortes, était autrefois la seule voie d'accès des terres vers la cité médiévale. Elle permet aujourd'hui d'observer la faune et la flore camarguaise.

La Camargue est un milieu unique présentant au visiteur de nombreux paysages tels les marais et les roselières, mais aussi les sansouïres (terres inondables et salées), les étangs et les dunes. De très nombreuses espèces d'oiseaux y nichent également à l'année ou au gré des saisons : flamants roses, hérons, aigrettes, échasses, canards colverts, sarcelles... Pour avoir une vision d'ensemble et pédagogique sur la réserve naturelle il faut impérativement déambuler le long des sentiers pédestres aménagés du **centre de découverte du Scamandre**.

Que serait la Camargue sans ses chevaux et ses taureaux sauvages ! Le Camargue est une race de petit cheval de selle rustique à la robe grise ou blanche. Il est indissociable des manades et des gardians qui le montent et s'en servent pour conduire les troupeaux de taureaux à travers les marais. La Camargue est également fortement imprégnée par le **flamenco** et les **traditions provençales** qui vivent et s'expriment dans chaque village.

C'est enfin un haut lieu de la culture du **riz** en France, et ce depuis le Moyen Âge. Le riz camarguais existe sous différentes variétés et il arbore désormais une indication géographique protégée (IGP).

Nous quittons ce magnifique territoire en direction du Rhône en passant par la ville de **Saint Gilles**, porte de la Camargue. Saint Gilles fut l'un des plus importants lieux de pèlerinage chrétien au 12ème siècle et reste encore aujourd'hui une étape sur le Chemin de Saint Jacques de Compostelle. Témoin de cette ferveur religieuse, **l'Abbatiale de Saint Gilles** se dresse au cœur de la ville et propose aux touristes sa façade de style roman provençal ornée de délicates sculptures ainsi que sa crypte majestueuse.

LA TOUR CARBONNIÈRE

CENTRE DE DÉCOUVERTE DU SCAMANDRE

L'ABBATIALE DE SAINT GILLES

JEFF BAUD

TRADITIONS PROVENÇALES

LA VALLÉE DU RHÔNE

Le Rhône, voie de navigation incontournable et frontière naturelle à l'est du Gard, propose une grande richesse patrimoniale entre Provence et Languedoc, ainsi que de nombreuses appellations viticoles : les Côtes du Rhône qui s'égrènent tout au long du fleuve (Chusclan, Tavel, Laudun, Saint-Gervais, Signargues, Lirac...) et qui modèlent et façonnent le paysage.

Sa remontée commence à **Beaucaire**, qui a connu ses plus belles heures au 19ème siècle avec la Foire de la Madeleine qui lui apporte un rayonnement international. Cette foire existe toujours, mais sous la forme de fêtes foraines, de courses de taureaux et de festivités diverses. Beaucaire est l'une des deux extrémités du canal du Rhône à Sète et comporte à ce titre un port fluvial. Elle possède également un vieux centre historique aux ruelles tortueuses surplombées par un imposant château.

Plus au nord, nous rencontrons de nombreux villages rhodaniens : tout d'abord, **Vallabrègues** et sa fête de la vannerie de la mi-août ainsi que son barrage hydroélectrique, dernier aménagement avant la mer depuis 1 970 ; puis c'est **Villeneuve-lès-Avignon** qui se dresse sur les bords du fleuve, avec le Fort Saint André qui semble toiser de haut le Palais des Papes d'Avignon. A proximité, on découvre **la chartreuse Notre-Dame-du-Val-de-Bénédiction**, monastère fondé au 14ème siècle par le Pape Innocent VI, qui nous donne envie de flâner dans ses jardins. Suivent **Saint Laurent des Arbres**, ancienne enclave fortifiée des papes d'Avignon, qui recèle un patrimoine exceptionnel (église romane fortifiée, donjon des 12ème et 14ème siècles, vestiges de remparts...) ; et **Laudun-l'Ardoise** avec son **camp de César** vestige d'une ville antique de 18 hectares qui domine son port fluvial.

Enfin nous arrivons à **Pont Saint Esprit** : ville historique, carrefour de 4 départements et de 3 régions, la cité provençale dresse sa majestueuse silhouette sur la rive du fleuve que traverse son célèbre pont à 20 arches.

BEAUCAIRE

VALLABRÈGUES
AVENUE

BARRAGE DU RHÔNE

SAINT-LAURENT-DES-ARBRES

LE PORT FLUVIAL DE LAUDUN - L'ARDOISE

PONT-SAINT-ESPRIT

UZÈGE PONT DU GARD

Le Pays Uzège-Pont du Gard comprend une multitude de jolis villages regroupés autour d'Uzès et du fameux Pont du Gard. Ce territoire se caractérise par une succession de paysages vallonnés traversés par le Gardon et qui ne sont pas sans rappeler la Toscane.

Les **Fosses de Fournès** présentent un paysage lunaire formé de « pitons » argileux de 10 à 30 mètres de haut rongés par l'érosion et dont les pentes sont entaillées de sillons. C'est un lieu idéal pour la randonnée et l'observation de la faune et de la flore.

Tout près, on trouve le monument qui symbolise à lui seul le département : **le Pont du Gard**. Ce géant de pierre enjambe le Gardon depuis bientôt 2000 ans, il s'agit du monument principal de l'aqueduc romain qui alimentait la ville de Nîmes depuis une source située près d'Uzès. Il est exceptionnel du fait de son excellent état de conservation et de ses dimensions : 49 mètres de haut répartis en 3 rangées d'arches superposées. Situé dans un environnement naturel préservé, on peut se baigner ou faire du canoë sous les 25 mètres de son arche principale.

A proximité, dans le petit village d'**Argilliers**, se cache le château de Castille avec ses majestueuses colonnes et balustres. Cette somptueuse bâtisse, au milieu de son parc de deux hectares avec pièce d'eau, a pour particularité d'être décoré de cinq fresques monumentales de Picasso.

Si on désire se rafraîchir, on visitera les villages de **Collias** et de **Sanilhac**. Collias tout d'abord, avec son vieux centre historique et son Ermitage, est un lieu privilégié pour partir découvrir les gorges du Gardon, que ce soit en randonnée ou sur l'eau en canoë ou en kayak. De Sanilhac tout proche, on rejoindra l'Ermitage de la Baume Saint Vérédème d'où l'on pourra admirer le Gardon qui serpente au milieu de la garrigue.

LES FOSSES DE FOURNÈS

KAYAK GARD
MIKE RATERA.15

LE GARDON À COLLIAS

LA BAUME SAINT VÉRÉDÈME

Uzès, ville d'art et d'histoire, est incontournable. On se laissera séduire par ses ruelles médiévales, ses hôtels particuliers Renaissance, ses places pittoresques et le murmure de ses fontaines. Le Duché, situé en plein cœur de la ville, mérite le détour pour ses remparts, ses caves millénaires ou sa remarquable façade Renaissance. Du haut de son donjon, on pourra profiter de la magnifique vue sur la ville, ainsi que sur la tour Fenestrelle et la cathédrale Saint-Théodorit toutes proches.

Il faut flâner dans son centre-ville historique et aller manger ou boire un coup sur l'incontournable place aux Herbes et ses nombreuses arcades. Uzès cultive l'amour des bons produits et s'est imposée au fil des années comme le berceau de la truffe noire. A proximité, on peut visiter le musée du bonbon ou le Haras national et ses chevaux prestigieux.

Située à quelques kilomètres, **Saint Quentin-la-Poterie** porte bien son nom avec pas moins de 30 potiers en activité et son musée remarquable de la Poterie méditerranéenne. Installé en plein cœur du village dans un ancien moulin à huile, le musée vous convie à un voyage à travers le temps et l'espace à la découverte de centaines de poteries et céramiques.

UZÈS

SAINT QUENTIN-LA-POTERIE

LA VALLÉE DE LA CÈZE

L'autre rivière emblématique du Gard, **la Cèze**, prend sa source dans les Cévennes, traverse tout le département et finit par se jeter dans le Rhône. Elle s'écoule dans un environnement préservé et si vous aimez le tourisme vert, c'est une rivière faite pour vous, que ce soit pour la découvrir à pied, à cheval, en VTT ou en canoë ou pour profiter du calme de ses nombreuses plages. Tout au long de sa vallée se trouvent quelques-uns des plus beaux villages de France.

Tout d'abord, un petit détour par **Lussan**, village médiéval entouré de remparts et perché sur un plateau rocheux qui domine la garrigue. Il est célèbre pour ses **Concluses** : gorges et "marmites de géants" creusées sur 6 km dans le calcaire et dominées par de hautes falaises.
Bagnols-sur-Cèze maintenant, troisième ville du Gard, qui abrite le très joli musée Albert André. Il ne faut surtout pas rater son marché du mercredi qui attire tous les villages alentour et qui se tient depuis le Moyen Âge sur la place Auguste Mallet.

Plus en amont, nous arrivons à La **Roque-sur-Cèze**, magnifique village entièrement en pierres, dont les maisons et les ruelles tortueuses s'élèvent sur un piton rocheux au-dessus des vignes et de la rivière. A 10 minutes, se trouvent les **cascades du Sautadet**, sauvages et fascinantes. C'est un site exceptionnel, mais dangereux, composé d'une série de chutes d'eau, de rapides et de "marmites de géants" : cavités cylindriques creusées dans le lit rocheux de la rivière par le mouvement en tourbillons des galets.

Un petit détour par **l'ancienne chartreuse de Valbonne** s'impose. C'est un ancien monastère de moines-ermites de l'ordre des Chartreux, fondé au 12ème siècle et situé dans un vallon au sein de la forêt domaniale de Valbonne. Elle dispose d'un grand cloître (350 mètres de périmètre), d'un petit cloître et de nombreuses chapelles ; mais sa principale originalité réside dans sa toiture en partie composée de tuiles vernissées.

LUSSAN ET SES CONCLUSES

BAGNOLS-SUR-CÈZE
HÔTEL DE VILLE
LIBERTÉ
ÉGALITÉ
FRATERNITÉ

LA ROQUE-SUR-CÈZE

LES CASCADES DU SAUTADET

LA CHARTREUSE DE VALBONNE

Goudargues, la « Venise gardoise », est un village pittoresque traversé par une source canalisée bordée de platanes centenaires. La fraîcheur de son canal est une invitation à faire halte sur une des nombreuses terrasses qui le bordent. Il faut également passer quelques jours dans son camping rétro « La Gambionne » qui vous accueille avec toute la convivialité du camping des années 60, époque mythique du loisir de plein air. Il propose une ambiance vintage unique le long de la rivière avec sa plage d'herbe et de sable.

Nous continuons notre remontée de la vallée par le village médiéval de **Montclus** blotti dans un décor luxuriant entre vignes et champs de lavande. Son donjon carrée et massif ainsi que ses ruelles étroites dominent un coude de la Cèze traversé par les arches rondes de l'ancien Pont du Moulin.

Au nord-est, se dresse le village d'**Aiguèze**, forteresse du 11ème siècle perchée sur une falaise qui surplombe l'entrée des gorges de l'Ardèche. Des vestiges de son chemin de ronde, on peut observer un magnifique panorama sur la plaine cultivée du Rhône avec au loin la silhouette du Mont Ventoux.

En remontant vers **Barjac**, on traverse des paysages sauvages où paissent des troupeaux de moutons entre capitelles centenaires et clapas montés en pierres de garrigue. Barjac, cité Renaissance située au seuil des Cévennes, est connue par les chineurs pour ses deux célèbres Foires aux Antiquités et à la Brocante, à Pâques et autour du 15 août.

On se laissera tenter par **Saint-Ambroix** la cité du « Volo Biou », la légende du bœuf qui vole. Saint-Ambroix est une cité historique aux portes des Cévennes, dominée par le Rocher du Dugas, les ruines de son château et la Tour de l'Horloge. En empruntant un dédale d'escaliers, on débouche au sommet du plateau d'où s'offre une vue magnifique sur la ville et ses alentours.

GOUDARGUES

CAMPING
RÉTRO
La Gambionne
Bed and Breakfast
04 66 82 31 01
06 10 72 43 58
2017 ID 30
394
GA 75

MONTCLUS

LE VILLAGE D'AIGUÈZE

LES CAPITELLES

BARJAC
LE PETIT VINGTIÈME
5€
3 ANS
EHO

SAINT-AMBROIX

CAUSSES ET CEVENNES

Nous allons aborder maintenant la dernière étape de notre voyage avec le territoire le plus sauvage du Gard et le plus marqué au niveau relief : les Causses et les Cévennes.

Les Cévennes, contreforts du Massif Central, présentent une variété unique de paysages, entre vallées et monts escarpés, entre forêts incitant à la randonnée et terrasses gagnées sur la montagne. C'est sur cette terre, refuge historique des protestants, que vous découvrirez une multitude de traditions, le métier de la soie ou les cultures du murier, du châtaignier et de l'oignon doux.

Notre périple commence dans le petit village de Courry par la visite de la **Grotte de la Cocalière**, cavité sous-terraine karstique connue sous le nom de perle des Cévennes. Il se poursuit par la découverte d'**Aujac** et de son château du Cheylard, château fort des 12ème et 14ème siècles, véritable sentinelle des trois Cévennes : le Gard, la Lozère et l'Ardèche.

Après une pause dans le village cévenol de **Génolhac**, cité médiévale aux ruelles pittoresques et aux maisons en granit qui propose aux amoureux de la nature un important réseau de sentiers de randonnée, nous pourrons prendre le train afin de traverser le **Viaduc de Chamborigaud**. Cet ouvrage d'art du 19ème siècle enjambe la vallée du Luech et se caractérise par une longue courbe et 29 arches.

Avant de rejoindre Alès, un détour par le **Château de Portes** s'impose. Surnommé le vaisseau des Cévennes en raison de son imposant éperon en forme de proue de navire, ce château du 12ème siècle est la véritable porte d'entrée des Hautes Cévennes.

LE CHÂTEAU DU CHEYLARD

GÉNOLHAC
HOTEL DU CHALET
RESTAURANT
Chef Bruno & Véronique
LE CHALET
Tél
04.66.61.11.08
LE CHALET

LE VIADUC DE CHAMBORIGAUD

LE CHÂTEAU DE PORTES
MIKE RATERA.

Alès, deuxième ville du Gard construite dans une boucle du Gardon, est surnommée la « capitale » des Cévennes. Alès fut l'un des berceaux des charbonnages de ce massif, la ville va devenir au milieu du 19ème siècle un important centre industriel grâce à l'extraction du charbon. Aujourd'hui, toutes les mines sont fermées, seul vestige visible de cet âge d'or, le mont Ricateau, crassier de l'ancien site minier de Rochebelle, qui domine la ville. Il faut également visiter la mine témoin qui présente une rétrospective de l'activité charbonnière du bassin d'Alès. Aujourd'hui, Alès est une ville dynamique et vivante comme en témoigne les nombreuses industries l'entourant ainsi que son Pôle mécanique Alès Cévennes.

D'Alès, nous prenons la route des Cévennes en commençant par **Anduze**, joli village connu pour ses magnifiques poteries et son grand temple protestant. A la gare d'Anduze, nous attend le train à vapeur des Cévennes en direction de Saint Jean du Gard. Ce chemin de fer touristique permet de découvrir, de viaducs en tunnels, la vallée des Gardons et ses admirables paysages à bord de sa locomotive de 1917 entièrement rénovée.

Sur le chemin, il faut descendre à l'arrêt de la **Bambouseraie en Cévennes**. Cette forêt de bambous, première en Europe, a été plantée en 1856 par Eugène Mazet. Le climat propice a permis la création de tout un parc exotique : village laotien, jardin aquatique, labyrinthe végétal ...

Puis nous reprenons le train jusqu'à son terminus situé au pied de la corniche des Cévennes : **Saint Jean du Gard**. La « perle » des Cévennes est un village authentique situé dans un cadre naturel préservé. Il fut la dernière étape de Robert Louis Stevenson lors de son célèbre « Voyage en Cévennes avec un âne », il fut également marqué par les guerres de religions, en particulier lors de la guerre des Camisards.

Nous voici désormais au cœur du Parc national des Cévennes, dans un écrin de nature encore sauvage au sein duquel se nichent de magnifiques villages.

LE MONT RICATEAU

BIENVENUE À ALÈS

LA BAMBOUSERAIE

MIKE
RATERA

SAINT-ANDRÉ-DE-VALBORGNE

Du haut de ses 1567 mètres, le **Mont Aigoual** domine tout le département et offre un panorama exceptionnel des Alpes aux Pyrénées en passant par la Méditerranée. A son sommet se trouve l'observatoire du Mont Aigoual inauguré en 1894. C'est un imposant bâtiment qui abrite la dernière station météo de montagne en service en France.

Le massif du Mont Aigoual est un paradis pour les randonneurs avec sa célèbre montée des 4000 marches qui relie Valleraugue à l'observatoire météorologique. Les skieurs y trouvent également leur compte avec la station familiale de **Prat Peyrot** et ses pistes de ski alpin et de ski de fond.

Les Causses et les Cévennes présentent une succession de paysages grandioses, ouvrages combinés de la nature et de l'homme. Dans ce territoire façonné depuis des millénaires, il y cultive encore la châtaigne, l'oignon doux des Cévennes, la pomme reinette... Chaque année, au printemps, on peut assister à la fête de la transhumance pendant laquelle des milliers de moutons quittent les plaines cévenoles pour rejoindre les pâturages des hauts plateaux. Plus inattendu, on peut également y trouver un élevage de bisons d'Amérique comme tout droit sorti de l'Ouest américain.

Le parc national des Cévennes est vraiment un lieu privilégié pour les amoureux de la nature et de la cueillette des champignons. A proximité de Camprieu, une rivière souterraine jaillit en cascade en produisant le bruit que fait « un bœuf qui brame » ! C'est la spectaculaire Abîme de Bramabiau, étroite fissure haute de 70 mètres ouverte à la visite et qui permet de découvrir des salles calcifiées, des marmites de géant et autres concrétions.

Si l'on recherche un havre de paix, le petit village de **Saint-Laurent le Minier** est tout indiqué. La **cascade de la Vis** y offre un lieu de baignade idyllique à la frontière de l'Hérault.

LA STATION DE PRAT PEYROT
EHO

L'OBSERVATOIRE DU MONT AIGOUAL

CULTURE DE L'OIGNON DOUX DES CÉVENNES

L'ABÎME DE BRAMABIAU

BISONS
DU GARD

LES CÉVENNES
EHO

LE VIGAN
Reinette du Vigan

LA CASCADE DE LA VIS

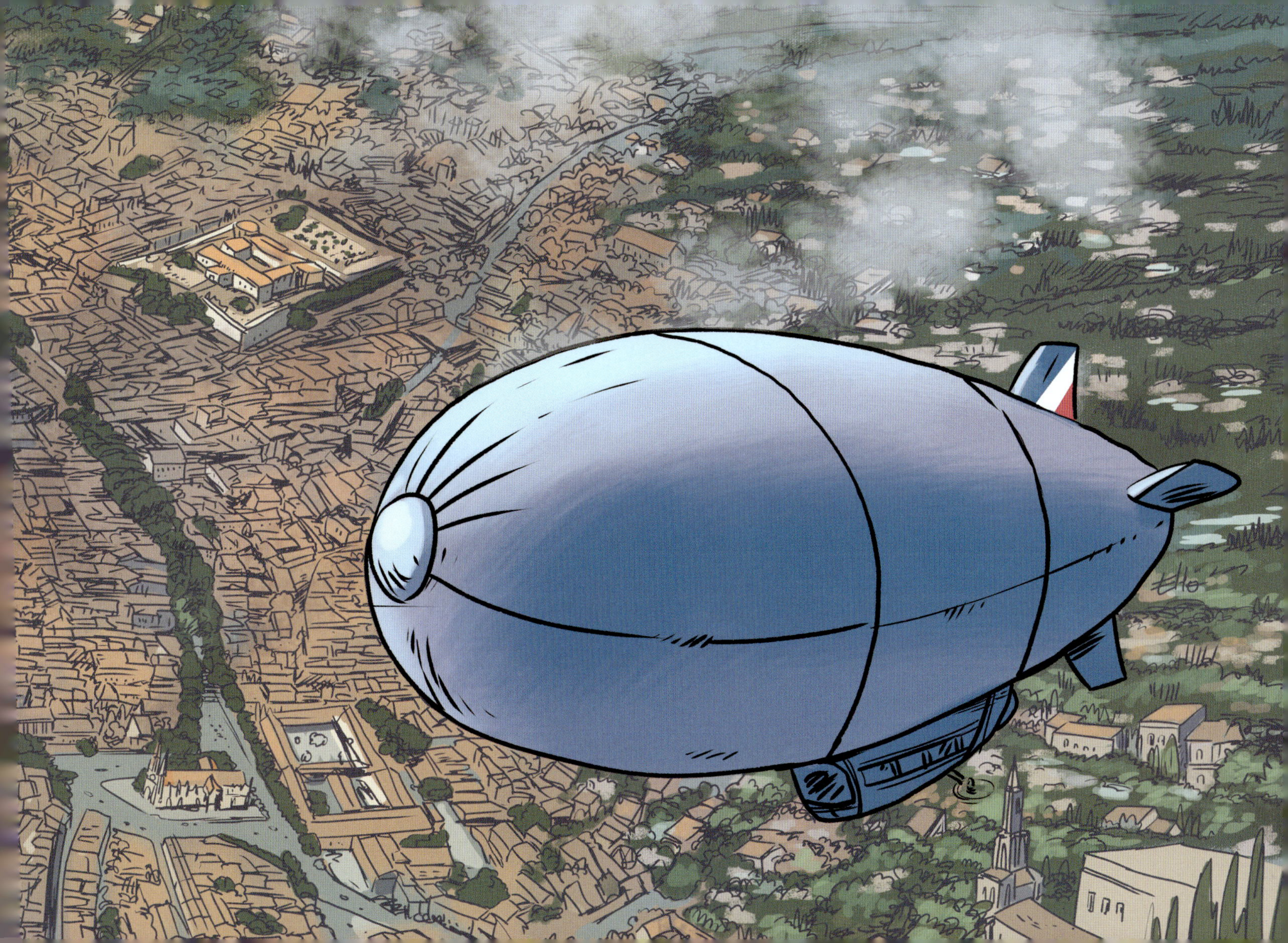

FÉRIA ET PEÑAS !

6551ID 30

ENCIERRO

EHO

LES PÊCHEURS DU GRAU DU ROI
LE PHENIX
GDR

SPÉCIALITÉS CULINAIRES DU GARD

Le Gard avec ses terroirs, son agriculture, ses maraichers, ses éleveurs, ses pêcheurs, ses producteurs, ses artisans, ses restaurateurs, nous propose une grande variété de produits et de nombreuses spécialités pour le plus grand bonheur de vos papilles. Avec ses quatre parties distinctes du département, les Cévennes au nord et leur chaine montagneuse, la Garrigue au centre, les Costières qui recouvre le vaste plateau sud-est et au sud la Camargue qui correspond à la plaine littorale, le Gard nous offre un savoir-faire exceptionnel !

L'oignon doux des Cévennes est cultivé sur des terrasses aménagées sur les pentes escarpées du massif des Cévennes. L'oignon se distingue par son goût légèrement sucré qui lui permet une dégustation aussi bien crue que cuite.

La pomme reinette du Vigan est devenue l'emblème des vallées cévenoles méridionales. Sa chair, blanche jaunâtre, offre une saveur acidulée et fruitée incomparable.

La fraise de Nîmes ou Gariguette est précoce, fine et allongée, de couleur vermillon, moyennement ferme, elle est très aromatique avec une saveur sucrée et acidulée. La fraise de Nîmes remporte un franc succès auprès des fins gourmets.

L'olive de Nîmes et ses huiles d'olives : Les nombreuses oliveraies placent le Gard parmi les plus grands producteurs Français. L'huile est très parfumée avec une touche d'amertume qui la caractérise. La picholine, olive verte à chair ferme est la variété la plus cultivée.

La Truffe est sûrement une des spécialités du Gard les moins connus. Pourtant la truffe noire d'hiver et la truffe d'été sont toutes deux des produits du terroir gardois. L'Uzège est un haut lieu de production de la truffe avec 15 hectares d'espaces consacrés.

Châtaigne des Cévennes : Sa culture implantée depuis plusieurs siècles sur ce territoire a permis l'élaboration de différents procédés permettant la consommation de la châtaigne des Cévennes sous diverses formes salés ou sucrés.

Le miel des Cévennes dont le plus connu est le miel de châtaignier, mais d'autres miels mono floraux le seconde, acacia, bruyère...

Le pélardon est un petit fromage au lait cru de chèvre, moulé à la louche dans des faisselles, salé, tourné à la main et démoulé. Affinage de onze jours en cave pour lui donner toute sa saveur.

La croquignole d'Uzès est une pâtisserie ancienne, à l'amande ou à la noisette, qui sont enduites par couches successives d'un sirop sucré et vanillé avant cuisson, sorti du four, il est recouvert d'un épais sirop à l'orange ou au caramel, il y a plus qu'à déguster.

La brandade de morue est le fleuron de la gastronomie Nîmoise. Elle se compose de morue salée, d'huile d'olive, d'ail, de lait entier, jus de citron et d'assaisonnements.

La fougasse aux grattons revêt différentes formes, abaissée d'une pâte servant à faire le pain, elle est assaisonnée de poivre et parsemée de grattons. La pâte est ensuite repliée en carré et aplatie (opération répétée plusieurs fois, ce qui produira un feuilletage).

Le croquant Villaret : Du nom de son inventeur qui le créa suite à une erreur de préparation. C'est un biscuit très sec à base d'amandes et de miel.

Le petit pâté nîmois est fabriqué avec trois sortes de viandes différentes et se présente sous la forme d'un petit cylindre de pâte brisée. Il se consomme chaud seul, ou accompagné d'une salade.

Le pain de Beaucaire est de forme rectangulaire ; trapu et fendu en son milieu dans le sens de la longueur, il est pétri et bénéficie d'une longue fermentation. Il présente une mie très alvéolée, une fine croute et un goût particulier du a l'utilisation d'un levain naturel.

La gardiane de taureau est une daube dont les morceaux sont marinés dans du vin rouge avant d'être cuisinés. Son nom provient des gardians. Les taureaux de Camargue sont élevés en semi-liberté au milieu des marais et sansouïres, paysage naturel propre à la Camargue. Elle s'accompagne de riz, de Camargue bien sûr !

Le riz de Camargue vous garantira une qualité irréprochable dans le respect de l'environnement. Il se décline en plusieurs variétés pour se prêter aux délices d'innombrables recettes.

La fougasse d'Aigues-Mortes est une fougasse sucrée qui s'apparente à une brioche parfumée à la fleur d'oranger, moelleuse et parfumée.

La rouille Graulenne est une spécialité du Grau du Roi à base de poulpes, de pommes de terre, d'aïoli, d'huile d'olive et d'épices qui se mélangent pour obtenir un plat succulent.

Le Caladon petit biscuit croquant au miel et aux amandes et le **Clou de Nîmes**, palet de chocolat noir, fin, frappé aux armories de la ville de Nîmes (le crocodile et le palmier).

Sans oublier le sel de Camargue, les tellines, la brasucade de moule, l'Aigrillade de St-Gilles, le fricandeau, les charcuteries, eau minérale Perrier, les escargots de l'Uzège...

ROBERT
HUILE D'OLIVE
DE QUALITÉ
miel des Cévennes
châtaignier
Croquants Villaret
Nîmes

Pelardon
RIZ Complet
Sel
Sel de Camargue
AOC
OIGNON DOUX CEVENNES

VINS ET VIGNOBLES DANS LE GARD

Le Gard est traditionnellement une terre de vignobles et ce depuis l'Antiquité. Son climat méditerranéen assure l'unité de ses cépages et la variété de ses sols (cailloux roulés des Costières, garrigues calcaires, terres rouges et ocres enrichies par les alluvions du Rhône, sable dunaire sur le littoral...), qui font la richesse et la diversité de ses vignobles.

Les vignerons gardois élaborent avec passion des vins dont la qualité est aujourd'hui largement reconnue. Pour les découvrir et les déguster (avec modération !), il faut s'arrêter dans les caves coopératives ou dans les domaines viticoles.

Vin des Sables
Les Coteaux du Vivarais (AOP)
Les Coteaux du Pont-du-Gard
Les crus des Côtes du Rhône
Les Costières de Nîmes (AOC)
Les AOP Languedoc Sommières

Vins des Coteaux du Pont du Gard (IGP)
Les Côtes du Rhône (AOP)
Les Côtes du Rhône Villages (AOP)
Le Vin des Cévennes (IGP)
Les AOP Languedoc
Les Vins du Duché d'Uzès (AOC)

À DÉCOUVRIR ET VISITER

MUSEES	
AIGREMONT	Musée d'antan
ALES	Musée-Bibliothèque Pierre-André Benoît Musée du Colombier Musée minéralogique Mine témoin
ARPAILLARGUES ET AUREILLAC	Musée 1900
BAGNOLS-SUR-CEZE	Musée Albert André Musée Léon Alègre
BEAUCAIRE	Musée Auguste Jacquet Vieux Mas 1900
BEZOUCE	Coutellerie le Camarguais
BREAU ET SALAGOSSE	Musée des jouets
CALVISSON	La maison du Boutis Vinopanoramaç
CHUSCLAN	Le Visiatome de Marcoule
DOMAZAN	Musée des Enfants Musée Vélo-Moto
FONS	Musée Saturnin Garimond
GAGNIERES	Musée de la mine
GENERAC	Musée de la tonnellerie
LA GRAND'COMBE	La maison des métiers anciens La maison du mineur
LE GRAU DU ROI	Seaquarium
LE VIGAN	Musée Cévenol
LEDIGNAN	Musée des outils et objets domestiques d'antan
LES MAGES	Musée Schönenberger
LES PLANTIERS	La Maison de l'Eau de la Vallée Borgne aux Plantiers
LEZAN	Musée des poupées et nounours
MARGUERITTES	La maison de la garrigue et musée de l'olivier
MIALET	Musée du désert
MONT-AIGUAL	Musée de la météorologie
NÎMES	Musée des Cultures Taurines Musée Archéologique de Nîmes Musée du Vieux Nîmes Carré d'Art Musée d'Art Contemporain Musée des Beaux-Arts Musée du chemin de fer Musée d'Histoire Naturelle et de Préhistoire
PONT SAINT ESPRIT	Musée Départemental d'Art Sacré du Gard Musée Paul Raymond
ROUSSON	Musée des origines de la Vie et de l'évolution de l'Homme : le Préhistorama
ST CHRISTOL LES ALES	Musée du scribe
ST HIPPOLYTE DU FORT	Musée de la soie
ST JEAN DE VALERISCLE	Musée des blasons
ST QUENTIN LA POTERIE	Musée de la Poterie Méditerranéenne Un siècle de roulottes
SAINTE ANASTASIE	La maison du grand site des gorges du
SAINT-GILLES	Musée de la Maison Romane
SAINT-JEAN DU GARD	Musée des Vallées Cévenoles
SAUVE	Conservatoire de la fourche
SERVIER ET LABAUME	Fondation Tony Gonnet
UZES	Musée Municipal Georges Borias Musée du bonbon Haribo Haras National
VALLABREGUES	Musée de la vannerie et de l'artisanat
VERS PONT DU GARD	Musée du Pont du Gard
VERGEZE	La source Perrier
VILLENEUVE-LES-AVIGNON	Musée Pierre de Luxembourg

RESERVES NATURELLES, PARCS ET JARDINS

AIGALIERS	Parc national des Cévennes Mas des fleurs
ALES	Parc Floral Les Camellias de la Prairie Le parc du Bosquet Parcs de la ville
ALZON	Arboretum de Cazebonne
ANDUZE	Le jardin du Mas de la Frigoule
BREAU ET SALAGOSSE	Arboretum de Puechagut
CROS	Le jardin des Sauvages
DIONS	Les Espélugues
GENERARGUES	La Bambouseraie en Cévennes Le Jardin de Parfum d'Aventure
GENOLHAC	Jardins du Tomple
LUSSAN	Le jardin des Buis
MIALET	Jardin Arboretum de Bonsaï Bergerie des Animaux Miniatures
MOLIERES CAVAILLAC	Réserve de Combe Chaude
MONOBLET	Les jardins de Mazet
MONTAREN ET SAINT MEDIERS	Jardins potagers du Temple
NÎMES	Le domaine d'Escattes
NIMES	Les jardins potagers solidaires Jardins de la Fontaine et Temple de Diane
PONTEILS ET BRESIS	Jardin du Mas de l'Abri
ROUSSON	Jardins Ethnobotaniques de la Gardie
ST ANDRE DE MAJENCOULES	Le Jardin des Sambucs
ST CHRISTOL LES ALES	Jardins d'Aristée
ST QUENTIN LA POTERIE	Jardin du Mas du Caroubier Le jardin de la Noria
ST SAUVEUR CAMPRIEU	Arboretum de La Foux Le sentier des arbres
ST VICTOR DES OULES	Le jardin des Oules
SAUVE	La Fourcheraie de Jean Gazan
ST JULIEN DE PEYROLAS	Jardin des mille et une fleurs
TAVEL	Les jardins de la Condamine
UZES	Le jardin médiéval
VALLERAUGUE	Arboretum de l'Hort de Dieu
VAUVERT	Centre de découverte du Scamandre
VERS PONT DU GARD	Mémoires de Garrigue
VILLENEUVE LES AVIGNON	Jardins de l'Abbaye de Saint-André Le bois des Espeisses Colline des Mourgues

GROTTES AMENAGÉES

COURRY	La grotte de la Cocalière
DIONS	Les Espélugues
ISSIRAC	Aven grotte de la Forestière
MEJANNES LE CLAP	La grotte de la Salamandre
MIALET	La grotte de Trabuc
SAINT SAUVEUR CAMPRIEU	L'Abîme de Bramabiau

SITES REMARQUABLES

ALLEGRE	
LES FUMADES	Thermes
BLANDAS	Grand Site de France du Cirque de Navacelle
	Les Mégalithes du Causse
CALVISSON	Les Moulins du roc de Gachonne
FOURNES	Les Fosses
JUNAS	Les Carrière
LA ROQUE SUR CEZE	Les cascades du Sautadet
LE GRAU DU ROI	L'Espiguette
LUSSAN	Les Concluses
MARGUERITTES	La Combe des Bourguignons
NÎMES	Les Arènes – La maison Carré
	La tour Magne...
SAINT SAUVEUR	
CAMPRIEU	L'Abîme de Bramabiau
SAINTE ANASTASIE	Les gorges du Gardon
SANILHAC SAGRIES	La Baume et Saint Vérédème
SAUVE	La mer des rochers
SEYNES	Le Mont Bouquet
VALLERAUGUE	Le Mont Aigoual
VAUVERT	Grand site de France de la Camargue gardoise
VERS-PONT-DU-GARD	Site du Pont-du-Gard

MANADES

AIGUES MORTES	Manade du Mas de la Comtesse
AIMARGUES	Manade Félix
BEAUVOISIN	Manade Martini
BELLEGARDE	Manade Daniel Didelot
	Mas de Rom
	Manade Marisma Matray
CONGENIES	Manade des Oliviers
GARRIGUES STE EULALIE	Manade Devaux
LA CALMETTE	Manade Lou Simbeu
LE CAILAR	Manade Lafisca
	Manade Saint-Pierre
	Manade Jean-Elie Agnel
SAINT GENIES DE MALGOIRES	Manade Leron-Teissonier
SAINT GILLES	Manade Aubanel
	Ganaderia La Paluna
	Ganaderia du Scamandre
	Manade Espelly Blanc
	Manade Salierène
SAINT LAURENT D'AIGOUZE	Manade La Vidourlenque
VAUVERT	Domaine de Syvéréal
	Manade Saint-Louis

REMERCIEMENTS

Les auteurs remercient tous ceux qui par leur aide, leurs informations, ont permis la réalisation de cet ouvrage.

Quelques sites de référence :

www.tourismegard.com
http://sites-touristiques-gard.fr
https://fr.wikipedia.org/wiki/Gard

La Région Occitanie Pyrénées · Méditerranée

L'édition de cet ouvrage est soutenue par la Région Occitanie

IMPRIM'VERT Votre imprimeur agit pour l'environnement

idées+ PASSION BD